entrailles 

épingles à cheveux 

femme 

fenêtre 

forêt 

fourchette 

gouttes de sang 

joues 

lit 

lumière 

maison 

marâtre 

marcassin 

marchande 

mariée 

mercière 

miroir 

moitié 

# Blanche-Neige

Piccolia

Il était une fois une  reine qui cousait près d'une  fenêtre. C'était l'hiver et il neigeait. Comme elle était distraite, elle se piqua le  doigt et 3 trois  gouttes de sang tombèrent sur la  neige. En voyant un si beau contraste, la  reine s'exclama :

– Si seulement j'avais une fille avec la  peau blanche comme la neige, des  joues rouges comme le  sang et des  cheveux noirs comme le bois d'ébène !

Neuf mois plus tard, la  reine donna naissance à une  petite fille en tout point semblable à ses désirs : c'est pourquoi elle l'appela Blanche-Neige.

Malheureusement, quelques heures plus tard, la reine mourut.

Un an plus tard, le  roi se remaria avec une femme très belle, mais très prétentieuse : elle ne supportait pas que quelqu'un fût plus belle qu'elle.

Pour cette raison, chaque  nuit, elle se regardait dans son 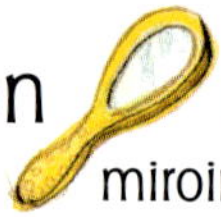 miroir magique et lui demandait :

– Miroir magique, toi qui ne peux mentir, dis-moi qui est la plus belle  femme du royaume ?

Et le 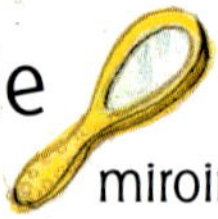 miroir magique lui répondait toujours :

– Sans conteste, vous êtes, ô ma reine, la plus belle  femme du royaume.

Rassurée et heureuse, la reine s'endormait paisiblement.

Le temps passa et  Blanche-Neige grandit. Sa beauté était lumineuse et étincelante comme un  soleil de printemps. Une  nuit, la  marâtre se regarda dans le 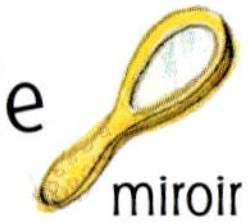 miroir et lui demanda :

– Miroir magique, dis-moi qui est la plus belle  femme du royaume ?

Et le miroir, qui ne pouvait mentir, lui répondit :

– Sans conteste, vous êtes, ô ma reine, une très belle femme. Mais désormais,  Blanche-Neige, votre belle-fille, est la plus belle femme du royaume.

La belle-mère devint  verte de jalousie. À partir de ce jour, elle se mit à détester  Blanche-Neige.

Jour après jour, la jalousie et la haine grandissaient dans le  cœur de la reine.

Un matin, elle appela un  chasseur et lui dit :

– Emmène  Blanche-Neige dans la  forêt et tue-la. Tu me rapporteras ses  entrailles comme preuve de ton obéissance.

Mais le chasseur ne put accomplir la volonté de sa maîtresse. Lorsqu'il saisit son  couteau,  Blanche-Neige le supplia de l'épargner :

– Ne me tue pas ! Je te promets que je ne reviendrai jamais au château.

Le chasseur eut pitié d'elle et la laissa partir. Il tua un  marcassin, lui retira les 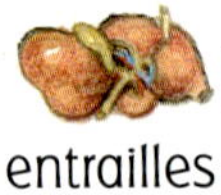 entrailles puis rentra au  château certifier à la reine que  Blanche-Neige était bien morte.

La reine était satisfaite : elle était à présent débarrassée de sa rivale.

Blanche-Neige marchait sans savoir où aller. À la tombée de la nuit, elle découvrit une  maison . Comme personne ne répondait à ses appels, elle poussa la 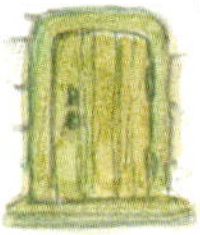 porte . À l'intérieur, elle vit une  table ,  sept  chaises ,  sept  assiettes et  sept  couverts . Tout semblait prêt pour le dîner. Blanche-Neige était justement affamée. Elle mangea une cuillerée de chaque  assiette , prit un petit morceau de chaque quignon de  pain et but une gorgée d'eau dans chaque  verre . Puis, comme elle était très fatiguée, elle alla dormir. Elle entra dans une  chambre et y trouva  sept  lits . Après les avoir tous essayés, elle s'allongea sur celui dont le matelas lui semblait le plus moelleux.

Le soir venu, les habitants de la  maison rentrèrent chez eux. Il s'agissait de 7 sept  nains, qui travaillaient non loin de là, dans une mine d'  or. En allumant les  bougies, ils constatèrent que leur maison avait été visitée.

– Qui a bougé ma  chaise ? demanda le premier nain.

– Qui a mangé dans mon  assiette ? ronchonna le deuxième.

– Qui a grignoté mon  pain ? protesta le troisième.

– Qui a osé utiliser ma  cuillère ? s'indigna le quatrième.

– Qui a déplacé mon  couteau ? marmonna le cinquième.

– Qui a retourné ma  fourchette ? s'exclama le sixième.

– Qui a bu dans mon  verre ? grommela le septième.

Inquiets, les 7  allèrent inspecter la  . À peine entrés,
sept nains chambre

l'un d'eux protesta :

– Qui a défait les couvertures de mon 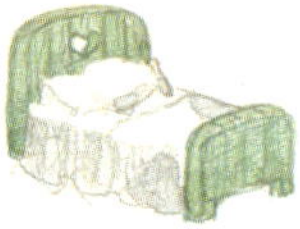 ?
lit

5 autres nains constatèrent que quelqu'un s'était assis sur leur lit. Le
cinq

septième appela doucement ses compagnons. À la  des  , ils
lumière bougies

découvrirent  endormie et murmurèrent :
Blanche-Neige

– Comme elle est belle !

Après avoir dîné en silence, six nains s'allongèrent sur leur  et le
lit

septième se coucha par terre pour ne pas déranger la jeune femme,

profondément endormie.

Quand, le lendemain matin, Blanche-Neige ouvrit enfin les  yeux, elle vit sept nains regroupés autour d'elle. Ceux-ci se mirent immédiatement à la questionner :

– Comment t'appelles-tu ? D'où viens-tu ? Que fais-tu ici ?

 Blanche-Neige leur raconta sa terrible mésaventure et les 7 sept  nains lui offrirent unanimement l'hospitalité :

– Reste dans notre  maison, tu y seras en sécurité. Pendant que nous serons à la mine, peut-être pourras-tu préparer les repas ?

 Blanche-Neige accepta avec joie et resta vivre avec les nains dans la petite maison au fin fond de la  forêt.

Blanche-Neige était heureuse dans sa nouvelle demeure. Elle accomplissait les tâches ménagères pendant que les  nains cherchaient de l' or dans la  montagne. Tous les jours, ceux-ci lui répétaient :

– Surtout, n'ouvre la 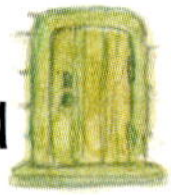 porte à personne pendant notre absence !

Un jour, la  marâtre se regarda dans le  miroir et lui demanda :

– Miroir magique, dis-moi qui est la plus belle femme du royaume ?

Le miroir répondit :

–  Blanche-Neige, qui vit dans la maison des  nains, est la plus belle.

Le  chasseur, qui avait menti à la reine, fut immédiatement congédié.

La reine décida de tuer Blanche-Neige elle-même. Elle se déguisa en

 mercière et se rendit chez les 7 sept  nains .

– Je vends de jolis tissus et du fil à coudre ! cria-t-elle.

Blanche-Neige, intriguée, se montra à la 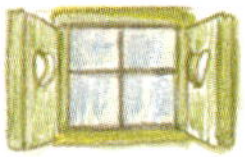 fenêtre et lui dit :

– Bonjour, madame. Montrez-moi ce que vous vendez.

– Je vends de la  dentelle et des  nœuds pour embellir les  corsages .

Les tissus plurent tant à Blanche-Neige qu'elle sortit pour les voir de plus

près. La  mercière lui noua un  ruban autour de la taille. Mais elle serra si

fort que Blanche-Neige en eut le souffle coupé et tomba évanouie.

Quand les  nains rentrèrent de la mine, ils prirent peur en découvrant Blanche-Neige évanouie. Ils coupèrent bien vite le  ruban qui étouffait la jeune fille et celle-ci reprit son souffle.

Pendant ce temps, au  château, la  marâtre se regardait dans le 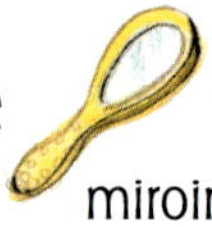 miroir magique et lui demandait :

– Miroir magique, dis-moi qui est la plus belle femme du royaume ?

Le miroir répondit :

–  Blanche-Neige, qui vit chez les nains, est la plus belle femme du royaume.

La reine devint  rouge de colère. Elle ne comprenait pas ce qui avait pu se passer. N'avait-elle pas tué sa belle-fille de ses propres mains ?

La reine retourna à la  maison des nains, déguisée en  marchande d'accessoires.

– Je vends des  peignes ordinaires, des  peignes décorés, des  épingles à cheveux ... ! cria-t-elle.

Blanche-Neige se montra à la fenêtre. Un  peigne décoré lui plut tant qu'elle descendit l'acheter. La  marchande prit alors sa voix la plus douce et lui dit :

– Laisse-moi placer ce peigne dans tes cheveux.

Mais les dents de l'objet étaient empoisonnées. À peine eurent-elles touché sa  tête que Blanche-Neige s'écroula sur le sol.

Cet après-midi-là, les  nains rentrèrent plus tôt qu'à l'accoutumée. Trouvant la jeune fille évanouie, ils s'empressèrent de retirer le peigne de ses cheveux. Blanche-Neige revint aussitôt à elle.

La reine revint au  château et apprit bientôt par son miroir magique que Blanche-Neige était toujours en vie. Sans plus attendre, elle prépara du poison qu'elle mit dans une moitié de  pomme. Déguisée cette fois en  paysanne, elle retourna à la  maison des nains. Elle frappa à la 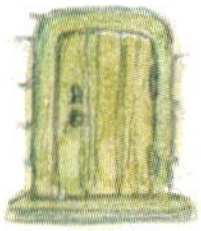 porte.

– Partez ! lui dit  Blanche-Neige. On m'a recommandé de n'ouvrir à personne !

– Mais je voulais juste te faire goûter une  pomme de mon verger. Pour te prouver qu'il n'y a aucun danger, je la couperai en deux : tu mangeras une  moitié, et moi l'autre.

Voyant la paysanne manger la pomme,  Blanche-Neige croqua le morceau qui lui était offert. Le poison la foudroya aussitôt et elle tomba sur le sol.

Cette fois, malgré tous leurs efforts, les  nains ne purent ranimer leur amie.

Après avoir pleuré pendant 3 trois jours et 3 trois nuits, ils décidèrent de lui fabriquer un  cercueil de cristal. Ainsi, ils pourraient toujours admirer son beau visage aux  joues aussi colorées que quand elle était encore en vie. À côté du cercueil, une plaque en  or indiquait :

« Ici repose la princesse Blanche-Neige ». Les nains décidèrent de se relayer jour et  nuit pour veiller sur le sommeil éternel de leur amie.

Un beau jour, un  prince vint à passer par là. Dès qu'il vit Blanche-Neige, il en tomba éperdument amoureux. Il demanda aux nains la permission de transporter le  cercueil dans son château : vivre sans pouvoir admirer le visage de Blanche-Neige lui était insupportable. Le cœur brisé, les nains acceptèrent. Le prince ordonna alors à ses 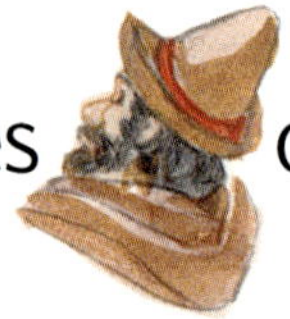 serviteurs de transporter le cercueil sur leurs épaules. En marchant, l'un d'eux trébucha sur une  pierre. La secousse fit tousser Blanche-Neige qui recracha le morceau de  pomme empoisonné. La jeune fille se réveilla et demanda toute étonnée ce qui lui était arrivé. Le  prince lui raconta la mésaventure dont elle avait été victime et en profita pour lui déclarer son amour.

Une semaine plus tard,  Blanche-Neige et le prince se marièrent. La nuit précédente,

la méchante reine se regarda dans son 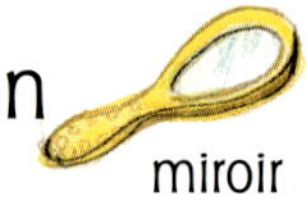 miroir et lui demanda :

– Miroir magique, dis-moi qui est la plus belle femme du royaume ?

Et le miroir répondit :

–  Blanche-Neige, qui se marie demain, est la plus belle femme du royaume.

La reine entra dans une rage folle. Le jour des noces, elle se rendit à

l' église. En voyant la  mariée si belle, elle en mourut de dépit.

Le prince et la princesse Blanche-Neige, quant à eux, vécurent heureux

jusqu'à la fin de leurs jours.

montagne 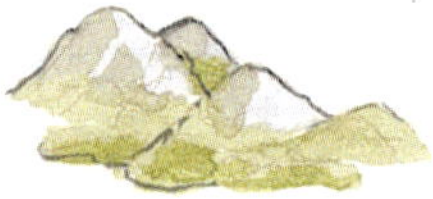

nain 

neige 

nœuds 

nuit 

or 

pain 

paysanne 

peau 

peignes décorés 

peignes ordinaires 

petite fille 

pierre 

pomme 

porte 

prince